DEPOIS DO DEPOIS

UM LIVRO DE
MARIAH MORAIS

DEPOIS DO DEPOIS

Dedico este livro a todos os que, em algum momento de sua vida, precisaram se reinventar após o término de um relacionamento e aprenderam a duras penas a dor e a delícia de recomeçar.

Pajuçara

Depois do depois

O casamento não te define. Um relacionamento é somente uma parte sua e, por mais que seja uma das prioridades da vida, nunca será maior que a sua existência.

Dedico este livro a todos os que, em algum momento de sua vida, precisaram se reinventar após o término de um relacionamento e aprenderam, a duras penas, a dor e a delícia de recomeçar.

Esta não é apenas a minha história, não são apenas as minhas palavras, mas a minha mais pura declaração de sentimentos.

Mariah Morais

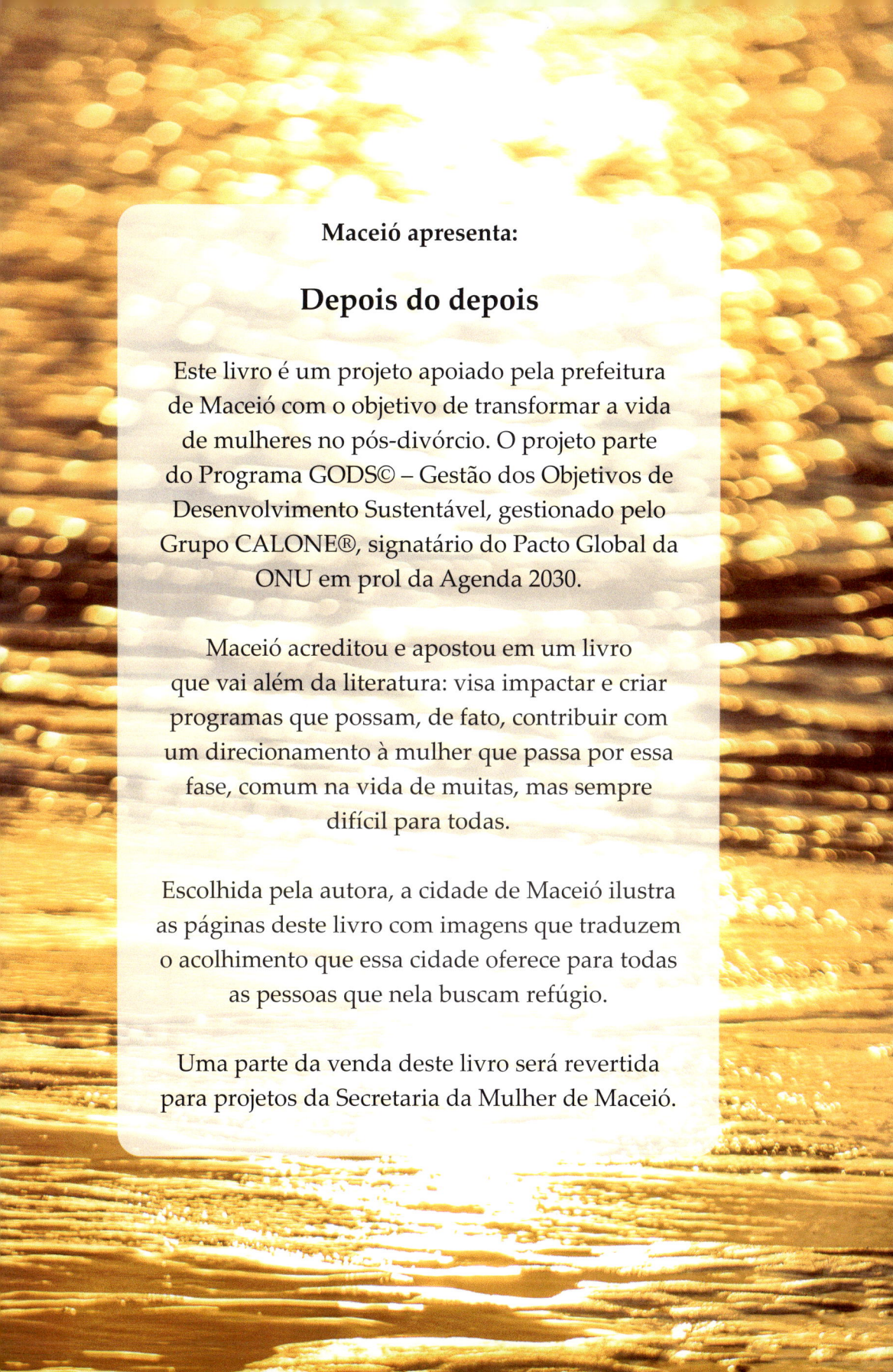

Maceió apresenta:

Depois do depois

Este livro é um projeto apoiado pela prefeitura de Maceió com o objetivo de transformar a vida de mulheres no pós-divórcio. O projeto parte do Programa GODS© – Gestão dos Objetivos de Desenvolvimento Sustentável, gestionado pelo Grupo CALONE®, signatário do Pacto Global da ONU em prol da Agenda 2030.

Maceió acreditou e apostou em um livro que vai além da literatura: visa impactar e criar programas que possam, de fato, contribuir com um direcionamento à mulher que passa por essa fase, comum na vida de muitas, mas sempre difícil para todas.

Escolhida pela autora, a cidade de Maceió ilustra as páginas deste livro com imagens que traduzem o acolhimento que essa cidade oferece para todas as pessoas que nela buscam refúgio.

Uma parte da venda deste livro será revertida para projetos da Secretaria da Mulher de Maceió.

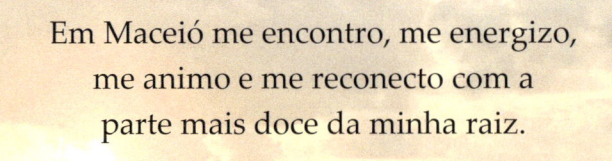

Em Maceió me encontro, me energizo,
me animo e me reconecto com a
parte mais doce da minha raiz.

Aqui me sinto leve, feliz e segura.
Ilustrar minhas palavras com as
paisagens que tanto me inspiram
foi mais que um presente:
foi a junção perfeita
para contar esta história.

Mariah Morais

Introdução

Você já parou para pensar o que se pode ganhar ao perder? Não? Este livro não é uma apologia ao divórcio, até porque encerrar um ciclo tão rodeado de expectativas não é uma maravilha.

Vale um conselho?

Antes de pensar no fim, invista em seu casamento, faça terapia, busque apoio emocional, supere vaidades tolas, converse com seu companheiro, explique para ele suas angústias, descarte ignorâncias; faça isso, mas em hipótese alguma se desrespeite ou se diminua.

Não se menospreze para encaixar-se em um espaço menor do que o merecido.

O casamento não deve nem pode ser uma prisão. Se alguém almeja liberdade, liberte-o. Isso, sim, é amor! O restante se chama "posse".

Se alguns casais parecem maravilhosos formando uma relação quase perfeita, outros tomam caminhos inversos que serão entendidos somente mais tarde.

O importante é que em nossa vida haja o essencial, pois nenhuma força é grande o suficiente para que não busquemos a felicidade.

Depois do depois

Começo de tudo

Sou sonhadora desde que me reconheço como pessoa. Sempre fui contrária a regras de que quem não nascesse do lado mais sofisticado da cidade perderia o direito de alçar voos mais altos.

Minhas fantasias nunca giraram em torno de um vestido branco e de um príncipe encantado. Ao contrário, sempre foram focadas no meu lado profissional. Vivia (e vivo) fazendo projetos e contando histórias.

Tive uma infância muito humilde; nunca passei fome, mas estive bem perto de passar por isso.

Meus pais trabalhavam demais. Tínhamos pouco tempo para diversão. Eu aceitava esse fato sem problemas. Não conhecia o lado da fartura; sempre achei que essas dificuldades eram corriqueiras e que todos passavam por elas.

Na escola pública, o cotidiano de todos se cruzava, e parecíamos ter vidas semelhantes.

Ostentação, para nós, era quando podíamos comprar pão com queijo no armazém do senhor Messias, para comer no intervalo, acompanhado de um suco de laranja de pacotinho.

> O casamento não deve nem pode ser uma prisão. Se alguém almeja liberdade, liberte-o. Isso, sim, é amor! O restante se chama "posse".
>
> *Farol da Ponta Verde*

Se por um lado faltava quase tudo, por outro eu recebia amor em demasia. Fui durante doze anos a caçula de toda a família e preciso confessar: isso me rendia privilégios que, na maioria das vezes, vinham em forma de balas e chocolates. Meus familiares eram afetuosos comigo e posso dizer que fui muito amada.

Aprendi que para ser querida era simples: bastava ser educada, atenciosa, enfim, o básico da boa educação.

No entanto, esqueceram-se de me ensinar que nem todos os julgamentos são baseados nos valores recebidos e, durante o período que deveria ser o mais importante da minha vida, meu casamento, descobri que do outro lado da cidade, onde acreditava que as dificuldades não existiam, a vida não me sorriria tanto.

Encontro

Um dia encontramos alguém, na multidão, que nos parece perfeito. Aquela pessoa que faz as famosas borboletas brotar e se agitar no nosso estômago.

Com base no que sentimos, projetamos grandes expectativas e aí cometemos o primeiro erro: esperar muito do outro e depositar todas as expectativas nessa pessoa.

Temos perspectivas e personalidades diferentes, mas, guiados pelo coração, acreditamos que seremos capazes de modificar a essência do outro com relação àquilo que nos desagrada e então tudo ficará bem.

Alguns estudiosos dizem que a paixão, aquela que nos leva a acreditar que somos o único casal diferente no planeta, perdura somente dois anos, e durante esses vinte e quatro meses conhecemos outro tipo de sentimento. Sai a paixão e entra o amor, esse amor racional, mais calmo e amadurecido, para dar início a uma nova fase.

Surgem o companheirismo, a cumplicidade e a união. Nós, sem entender as mudanças, vivemos em busca daquela antiga sensação que nos faz sentir vivos, e então descobrimos que a ilusão sai de cena e estreia a vida real.

Minhas fantasias nunca giraram em torno de um vestido branco e de um príncipe encantado. Ao contrário, sempre foram focadas no meu lado profissional. Vivia e (vivo) fazendo projetos e contando histórias.

Farol da Ponta Verde

Depois do depois

Devemos estar preparados para essa mudança, que pode ser muito boa quando o casamento está funcionando, porque o sonho desaparecerá, mas trará para a realidade pessoas reais que em algum momento deixaram de exaltar qualidades para maximizar os defeitos, antes ocultados pela febre da paixão.

Temos perspectivas e personalidades diferentes, mas, guiados pelo coração, acreditamos que seremos capazes de modificar a essência do outro com relação àquilo que nos desagrada e então tudo ficará bem.

Praia da Sereia

As expectativas

Impressionar! Seria essa a minha definição para todo início de um relacionamento. Vestimos a melhor roupa, usamos o perfume preferido para criar uma identidade na memória afetiva; compartilhamos virtudes, mostramos habilidades e nos apresentamos como gostaríamos de ser lembrados.

No entanto, ninguém é perfeito eternamente, e com o tempo o que parecia encantador se transforma em nosso maior pesadelo. Embora acredite em contos eternos, hoje sei que somente o amor não é o suficiente para garantirmos essa eternidade.

Com o passar dos anos e as decepções, a fantasia cede lugar à realidade, e diante desse fato passamos a exigir mais de nós do que do outro. A felicidade é nossa responsabilidade; cabe a nós decidir que tipo de vida queremos levar, que tipo de relacionamento desejamos e se queremos seguir com ele ou não.

Eu também já acreditei no "felizes para sempre", como a maioria dos que se casam, mas foi preciso despertar, porque a vida é feita de escolhas e consequências.

Depois do depois

Amava, sim, amava muito, mas a minha integridade emocional estava em jogo, e eu precisava decidir entre ficar casada com a pessoa que, naquele momento, era tudo para mim ou terminar e me reencontrar, partir em busca da pessoa feliz que eu fora, voltar a conviver com pessoas que gostam de mim, com pessoas que se importam comigo e estar em lugares onde minha presença fosse desejada, e não apenas suportada.

A qualquer momento podemos mudar o que nos fere, o que nos machuca.

Ganhei uma sensação de alívio quando entendi que qualquer situação que eu não pudesse controlar deveria ficar fora da minha vida. Mas para chegar até aqui precisei aprender que nada é mais importante para manter a saúde do que a inteligência emocional.

Um casamento quando acaba está transbordando de culpa, e quando falo sobre culpa não me refiro a um fato ou outro, mas às situações que vamos aceitando no decorrer dos dias e que acabam se tornando banais. Mas, ao despertarmos, estamos em uma vida infeliz, fazendo o outro infeliz e presos à hipocrisia de uma sociedade que discrimina aqueles que têm coragem para abalar o inabalável "até que a morte nos separe". Não podemos e não devemos nos arrastar em um relacionamento falso, repleto de traições e vazio de sentimentos.

Depois do depois

Não me perguntem o porquê, mas as pessoas têm uma grande facilidade em se adaptar ao tédio, ao "tanto faz", à ausência de emoção; ficam paradas como a imagem fria de um porta-retratos.

Mesmo nos dias atuais, em que a modernidade tenta roubar o espaço do romantismo, o casamento é uma bela celebração, mas não deve ser esse o único objetivo de uma vida.

Casei-me com o coração carregado de sonhos, fiz todas as juras que um casal apaixonado faz, e tinha a absoluta certeza de que seria eterno. Naquele momento eu jamais imaginaria que não terminaríamos nossos dias juntos. Acreditava em nós, gostava da nossa parceria e imaginava que, por ser uma história bonita, não poderia transformar-se em infelicidade. No entanto, um tempo depois, juntos estávamos nos tornando infelizes. Não poderíamos viver na hipocrisia que condenávamos em tantas pessoas que conhecíamos.

A vida é uma constante evolução e, quando aceitamos nosso parceiro, juramos aos pés da cruz "até que a morte nos separe". Ao descermos do altar, não somos mais os mesmos, mudamos, e muitas vezes evoluímos em direções opostas.

Depois do depois

Comigo foi assim, já não compartilhava os sentimentos e as emoções que habitavam o terreno do crescimento. Eu me separei amando, mas também sabia que o amor verdadeiro liberta, e o libertei quando estávamos infelizes. Entre tantas coisas, aprendi uma lição: não devemos lutar a guerra dos outros nem guerrear para levar-lhes paz.

Durante muito tempo guardei a minha espontaneidade e alegria, para caber em um lugar que nunca me daria abrigo. Eu tentava agradar as pessoas ao meu redor sem me focar no que era mais importante: ser feliz e fazer feliz, funcionar como casal. Esperei um acolhimento afetivo de pessoas próximas, mas me perdi em meio à hostilidade e ao desprezo.

Queria concentrar-me, mas não conseguia. As situações vinham uma após a outra, distanciando-me cada vez mais do meu propósito. Casei-me com quem eu acreditava ser o amor da minha vida, projetei o "felizes para sempre" – no meu caso, para sempre e mais um dia.

Era o enredo de um filme romântico: a menina pobre que se casa com um menino rico e precisa, de todas as formas, driblar as situações desagradáveis criadas por quem não queria o bem deles.

> A vida é uma constante evolução e, quando aceitamos nosso parceiro, juramos aos pés da cruz "até que a morte nos separe". Ao descermos do altar, não somos mais os mesmos...
>
> *Praia da Sereia*

Depois do depois

Desde o início eu sabia que não seria fácil. Fiquei um bom tempo buscando minha identidade. Em um lado da cidade me achavam humilde demais e do outro lado achavam que eu tinha mudado e perdido minha simplicidade, por frequentar as festas dos quatrocentões de São Paulo. Por algum tempo fiquei confusa; tentava demonstrar que eu podia circular em todos os ambientes, mas foi inútil, não funcionou. Não agradava nem a um nem a outro. Minha motivação passou a ser exclusivamente mostrar que era digna de ser aceita em qualquer lugar.

Conseguem imaginar alguém vivendo assim? Eu tinha de provar em todo instante que era magnânima e que poderia estar onde estava.

Com o passar do tempo, descobri que não adiantaria o meu esforço, não tinha um berço de ouro, nunca iria agradar.

Fui entristecendo com a sensação de que tudo estava me escapando entre os dedos. Sabia que precisava pensar mais em mim, não de maneira egoísta, mas com a consciência de que, se eu não fizesse por mim, ninguém o faria.

Depois do depois

As pessoas fazem conosco o que lhes permitimos, e eu permiti, durante anos, conviver com a indiferença do meio.

O que me cercava sempre foi pesado. Eram críticas constantes, anos difíceis, em que conheci a solidão a dois em sua forma mais cruel, sentindo-me extremamente vazia. Minha alegria foi se apagando, meu trabalho estancou, tudo que me propunha a fazer não prosperava. Inconscientemente, assimilara que não era boa o suficiente e desacreditei do meu potencial. Fui do céu ao inferno diversas vezes, o que era imperceptível para as pessoas e insuportável para mim.

Na fragilidade, tentamos nos agarrar ao que temos – no meu caso, aos meus filhos.

Em meio a esse caos em que um sentimento empurra o outro, houve um fato que me mudaria para sempre: o falecimento da minha irmã mais velha, Sônia (Piu, como todos a chamavam), um dos pilares da minha vida. que partiu repentinamente.

Sua morte foi um grande divisor de águas para mim. Ela era questionadora, e, apesar de nos amarmos, nossa relação era difícil. Uma das coisas que mais me irritavam era quando ela me dizia que eu não era a mesma depois de casar. Isso me entristecia.

Esqueça o que os outros vão pensar. Isso não combina com a felicidade.

Pontal da Barra

Depois do depois

Ela dizia que o casamento tinha levado embora a menina feliz de antes. Suas palavras me deixavam pensativa, porque, apesar de tudo, eu amava meu marido e meus filhos, mas o brilho no meu olhar realmente desaparecera, por eu ter aceitado uma vida que não me satisfazia apenas para manter as expectativas que depositaram em mim.

No dia em que os médicos me chamaram para constatar a morte cerebral da minha irmã, pedi para ir sozinha na visita noturna. Durante anos eu me senti responsável pela sua morte.

Minha irmã era soropositiva – seu segundo companheiro a contaminara. Sônia não saía à noite, não fumava, e eu sequer me lembro de que um dia ela tivesse ido para uma balada. Infelizmente ela conheceu essa pessoa através de mim. Atendi uma ligação e era alguém querendo vender um consórcio; eu lhe disse que não estava interessada, e ele me pediu para indicar-lhe alguém. Então lhe passei o número da minha irmã. Naquela época, eu estava viajando para a França, para fazer a cobertura dos jogos da Copa do Mundo, e, quando retornei, eles estavam namorando.

Estavam juntos havia quatro anos quando os problemas de saúde começaram. Depois de vários exames, meu ex-cunhado foi diagnosticado com HIV. Imediatamente minha irmã fez os exames, e a confirmação que todos temiam chegou: ela fora infectada.

Tente, mas não se humilhe. Saiba sair de onde não há afeto.

Pontal da Barra

Depois do depois

Vinte anos atrás, essa notícia ainda representava uma sentença de morte. Embora ele soubesse do seu estado, não avisou à minha irmã, e o que se via nas estatísticas pela televisão estava acontecendo dentro da minha casa. Eu acreditava que aquilo era minha culpa e me questionava: por que passei o telefone dela?

Doze anos se passaram entre a notícia do diagnóstico e o falecimento de minha irmã. Sua imunidade era alta, mas, quando ela foi tomada pela depressão, abriu-se uma porta para as enfermidades. Ela nunca tomou coquetel nem precisou de remédios. Ele faleceu cinco anos antes dela.

Em uma conversa, ela me disse: "Ele foi meu grande amor. Se esse era o preço a pagar, paguei, pois em quatro anos vivi o que muitos não vivem uma vida inteira".

Entendi como um recado. Naquele momento, segurando sua mão no hospital, disse-lhe tudo o que sentia e admiti em seu leito de morte que ela estava certa. Junto com a confissão, a promessa de que eu faria tudo para ser feliz, por mim, mas também por ela. Seria feliz mesmo que tivesse de mudar a minha vida inteira.

Meu ex-marido foi, durante grande parte da minha vida, meu melhor amigo, e mais que genro, foi e é um filho amado por toda a minha família. Ele é uma pessoa boa e generosa, o que tornava minha decisão mais difícil.

Esse foi o pior momento para mim. Aquele anel significava muito. Tirá-lo do meu dedo foi como se tivesse arrancado meu coração...

Praia da Sereia

Depois do depois

Ao decidirmos pela separação, o foco deve manter-se apenas em nós, pois, se pensarmos em qualquer outra pessoa que amamos, desistiremos, e "com o passar do tempo a vida se esvairá e teremos apenas lamentações como companhia".

A difícil trajetória que enfrentamos até tomar a decisão definitiva é repleta de dor física e emocional.

No meu caso, desisti de alguém que eu amava, e isso me provocou um luto de vários anos, ainda que habitássemos a mesma casa. Escolhi enfrentar a dor do desenlace, porque viver uma mentira era mais dolorido, e minha angústia causava-me arrepios na espinha, como se um líquido congelasse minhas emoções por completo. Eu não tinha mais motivação para continuar.

Aparentemente era a vida perfeita! No entanto, quando nossa separação veio à tona, já vivíamos separados, sem alianças, sem dormir no mesmo quarto há mais de dois anos. Atrevo-me a dizer que, por mais de cinco anos, convivemos como dois irmãos que se amavam muito, mas isso não era suficiente para evitar as constantes brigas, por qualquer motivo. Minha autoestima estava destruída. Não era fácil para nenhum dos dois.

Seja feliz,
sorria, levante-se.
Faça isso e verá quão
libertador é.

Praia Jatiúca

Depois do depois

Quando damos de cara com a indiferença, automaticamente nos culpamos e temos a certeza de que estamos fazendo algo errado. Eu me sentia deslocada com as pessoas do núcleo dele e começava a me sentir desvalorizada no meu lar. Que fique claro que não havia um vilão nessa história, apenas duas pessoas que se perderam em uma rotina, cada vez mais distante do que havia sido planejado, e isso me impactava terrivelmente.

Se antes eu superava tudo por sentir-me amada, agora era como se estivesse jogando no campo adversário, sem nenhuma torcida. Não me considerava mais aquela pessoa capaz e, nesse momento, estava abalada emocionalmente como nunca. Eu precisava de uma motivação urgente, pois sem ela a roda não gira.

Mesmo que inconscientemente, eu trazia comigo uma postura crítica. Não questionava abertamente a atitude das pessoas, mas interiormente alguns comportamentos me incomodavam, o que é uma característica dos virginianos.

Hoje, sou incapaz de questionar o que ou quem quer que seja.

Acredito que nada começa aqui e que estamos neste plano para resgatar algo; para tudo há um motivo que vai além da nossa compreensão. Nesses períodos de turbulência, precisei colocar em prática tudo que havia aprendido sobre equilíbrio, por meio da fé, da filosofia, das histórias dos santos da igreja, enfim, era hora de mostrar que anos de leitura não foram em vão. A culpa não estava apenas em mim, pois um relacionamento envolve duas pessoas e cada uma deve carregar a sua responsabilidade.

Cada um enfrenta e enxerga seus dramas de uma maneira. Tenho certeza de que todos nós temos várias versões sobre o mesmo fato, mas a verdade, lá no íntimo, só quem passou sabe qual é.

Praia Jatiúca

Depois do depois

Deixar os outros pensarem da maneira que os deixe mais confortáveis é, além de um absurdo, falta de compaixão. Esquecer o que fez e lembrar o que é conveniente caracteriza não apenas imaturidade, mas principalmente covardia.

Nunca serei o tipo de pessoa que sai atacando quem quer que seja, mesmo que haja motivo, até porque cada um é o melhor que pode ser.

Posso dizer que não tive um mês inteiro de paz desde o dia em que aceitei me casar. Nunca fui acolhida, sempre fui suportada, nunca fui recebida como as outras pessoas eram, a ponto de um dia ouvir de uma pessoa próxima que "eu não era da mesma prateleira, e a sociedade cobraria isso".

Parecia tão arcaico, mas era real. Muitas vezes faziam festas e me excluíam, inventavam coisas que eu não fizera, colocavam palavras na minha boca. Era cansativo, muito cansativo. Eu não respondia, não faltava com respeito, mas por dentro ia acumulando mágoas.

Este não é o relato de uma pessoa que se vitimiza, mas não posso omitir parte de situações que me fizeram mudar de vida.

Tenho comigo que os corredores de uma UTI nos ensinam mais que qualquer terapia, e outra vez tive a certeza de que eu precisava viver, pois a morte chega sem aviso.

Praia Jatiúca

Depois do depois

Para algumas pessoas, desculpar-se ou reconhecer erros é algo inconcebível, e uma montanha de atitudes crescentes se forma, e o sentimento do outro perde a importância.

Em uma separação, ninguém é culpado sozinho, ou melhor, não existem culpados. Acredito que tudo dura o tempo determinado por Deus ou pelo destino, para aqueles que preferem esta definição.

Dia após dia, eu procurava motivos para ficar, porque doía muito perceber a que ponto tínhamos chegado.

Um dia, em meio a uma discussão com meu ex-marido, perguntei se ele ainda me amava – "Tenho dúvidas", ele respondeu. Atônita, afirmei: "Quem tem dúvidas sobre o amor já tem uma resposta". Eu mostrei indignação, mas sentia o mesmo. Isso era terrível de se ouvir, porém ainda pior de admitir.

Sozinha, fiz terapia, li muito sobre o assunto e tudo isso serviu apenas para confirmar que o nosso amor havia se transformado.

As pessoas admiráveis não têm o hábito de falar sem conhecimento.

Mirante de Ipioca

Depois do depois

Eu mergulhara no mais profundo vazio e, um dia, após uma conversa bem difícil, tirei a aliança do meu dedo e disse:

— Vá ser feliz. Nem para sempre nem mais um dia.

(Em nossa aliança havíamos gravado "para sempre e mais um dia").

Esse foi o pior momento para mim. Aquele anel significava muito. Tirá-lo do meu dedo foi como se tivesse arrancado meu coração, mas temos de aprender a ser sozinhos, para que um dia, se a separação acontecer, não seja o fim do mundo.

Não era somente o fim de um casamento, era o fim de tudo que eu ainda sonhava fazer junto dele e dos nossos filhos. Não seríamos mais nós quatro, e isso foi difícil demais para mim. Eu sabia que o amava, mas sabia também que não podia ficar – precisava de paz.

Costumo dizer que precisávamos cumprir algo juntos, e fizemos isso bravamente, trazendo ao mundo os dois seres humanos mais incríveis que conheço. Eu chorava no carro, no banho, durante minhas tarefas. O ânimo nem pensava em passar por mim. Aparentemente eu me fazia de forte, mas as poucas pessoas que realmente me conheciam sabiam que eu não estava bem.

As pessoas supõem, mas você viveu.
Mirante Santa Terezinha

Depois do depois

A maldade

Acho lamentável como certas pessoas, que não sabem nada do que acontece dentro de uma casa ou sobre a vida de um casal, conseguem dar seus vereditos cruéis sem nenhum conhecimento, apenas com a intenção de ferir, "ainda mais, a quem já está destruído, procurando onde se apoiar".

Essas pessoas não têm o mínimo de empatia pelo sofrimento alheio e, além de termos de passar por todas as turbulências do período, precisamos lidar com as inverdades de criaturas guiadas por uma pobreza de espírito tamanha que não conseguem enxergar que o mal destinado a alguém fere somente elas mesmas.

Quando paramos para responder a ofensas e calúnias, estamos perdendo um tempo precioso e nos colocando em contato com a vibração de um ser pequeno, pois somente os minúsculos de alma e coração têm tempo para propagar maldades. Você já viu alguém com grandes ocupações e trabalho falar mal da vida dos outros? Não viu, aposto, porque, quando uma pessoa tem um propósito, ela cuida de si mesma e dos seus.

Na realidade, tenho pena de gente assim! Deve ser péssimo ter um cotidiano fútil, cuja única ocupação real é diminuir alguém para poder acalmar a consciência e crescer um pouco, porque sozinha nao consegue subir um degrau.

Ninguém é perfeito
eternamente.

Praia da Sereia

Quando você estiver passando por situações como essa, por favor, não mude sua rotina para dar respostas e satisfações. Siga em frente, focando em seus objetivos, não se abale, pois dar atenção a quem não merece atrasa a sua evolução. As pessoas julgam com base no caráter delas, o que significa que esse comportamento fala mais sobre elas do que sobre você.

**Seja feliz, sorria, levante-se.
Faça isso e verá quão libertador é.**

Deixe os medíocres continuar com a sua mediocridade e cresça, trabalhe, viva, não ouse responder. Siga em frente: esta será sempre a direção que o levará mais longe.

Cultive apenas bons pensamentos, mesmo nos momentos mais difíceis e diante das maiores injustiças.

Praia de Ponta Verde

Depois do depois

A decisão

Assim como o começo, o fim também é repleto de incertezas.

Não nasci nem fui criada para mostrar quem não sou. Ver a infelicidade de uma pessoa tão importante para mim não tinha sido o que eu idealizara. Minha decisão continha mais amor do que entre os casais que se aprisionam e vivem uma vida de aparências. Não queríamos mais uma vida em comum, o que não nos desvaloriza como pessoas.

É preciso coragem para sair da zona de conforto e encarar a verdade. Aliás, o que é a verdade?

Cada um enfrenta e enxerga seus dramas de uma maneira. Tenho certeza de que todos temos várias versões sobre o mesmo fato, mas a verdade, lá no íntimo, só quem passou sabe qual é. Tudo acontece muito rápido, e, sem que percebamos, descemos profundamente demais, e a subida já não é uma opção. Estávamos estagnados; as mágoas e as indiferenças não podiam ser apagadas. O que a princípio era doce aos poucos foi adquirindo o sabor amargo do fel.

Não cobre de alguém o que você não é capaz de oferecer.

Capelinha Jaraguá

Depois do depois

Passei a não me reconhecer. Gostava cada vez menos do que eu estava me tornando. Percebi que há anos eu estava apenas cultivando mágoas.

Aconteça o que aconteça, deixe o papel de vítima para a parte fraca da relação.

Pontal da Barra

Depois do depois

A gota d'água

Após sete anos da partida da minha irmã, um segundo golpe fatal: a despedida do meu pai, meu porto seguro, um homem de uma generosidade singular, olhos profundos que me diziam tanto. Apesar de sua morte, sinto que nunca nos separamos.

Mais uma vez questionamentos, reflexões.

Tenho comigo que os corredores de uma UTI nos ensinam mais que qualquer terapia, e outra vez tive a certeza de que eu precisava viver aquele momento, pois a morte chega sem aviso.

Essas duas experiências fizeram-me vivenciar um drama real, sem escolhas, sem alternativas. A chegada da morte tira-nos o chão, revira nosso mundo e nos faz questionar nossos valores.

Uma grande mudança começou a partir daquele momento: passei a ver a separação como uma escolha de vida. Concluí que, se estamos com saúde e vivos, estamos bem, portanto eu não poderia continuar naquele drama.

É inacreditável como as pessoas se omitem.
Capelinha Jaraguá

Depois do depois

Meu pai se fora, e eu não o encontraria mais, mas poderia, sim, mudar a minha vida. E foi o que comecei a fazer: assumiria ser uma mulher "separada", condição na qual já vivia.

Estaria pronta para críticas, calúnias e tudo o que viesse agregado com o comunicado, mas teria uma nova chance. Voltei a me sentir feliz pela coragem, e, a partir desse momento, nada mais seria como antes.

Desde muito cedo aprendi que as oportunidades não bateriam à minha porta e que eu deveria criá-las. Era inaceitável ser tratada com desprezo.
Farol da Ponta Verde

Depois do depois

O anúncio

Eu ainda vivia o luto da morte de meu pai quando recebi outra demonstração de insensibilidade de uma pessoa próxima. Resolvi que não queria mais esperar nem um dia sequer, precisava me ressignificar, voltaria a ser quem eu sempre fora: uma menina guerreira que trabalhava desde a infância, lavando copos e servindo mesas no bufê de minha mãe, enquanto os amigos saíam aos sábados para se divertir. Às vezes era preciso passar noites em claro fazendo salgados, doces e escrevendo o nome dos noivos nas lembrancinhas que seriam distribuídas em suas festas de casamento, mesmo depois de ter estreado na televisão como comentarista.

Por meus filhos eu precisava tirar forças de onde não havia e explicar que, daquele momento em diante, seria eu quem tomaria as rédeas da casa, aliás explicar-lhes que eles teriam duas casas.

Lembro-me da primeira noite em que fechei as portas e não éramos quatro, mas apenas nós três. Pensei tantas coisas do tipo "E se eu ouvir um barulho? Quem vai se levantar para conferir o que é"? O pânico tomou conta de mim; acho que estava despreparada para assumir a condição de chefe da casa.

Você pode, sim, recomeçar. Nada dói mais que a morte. Separação é escolha de vida.

Mirante de Ipioca

Depois do depois

Levei meus dois filhos para dormir no meu quarto e tranquei a casa inteira. Enquanto eles dormiam abraçados comigo, lágrimas caíam pela minha face. Eu sabia que não poderia fraquejar, mas estava fraquejando. A fama de forte nos imprime o rótulo de alguém impedido de sentir-se vulnerável. Sempre passei a impressão de ser uma pessoa destemida; o fundo do poço nunca foi minha opção e naquele momento, principalmente, não poderia ser.

Nenhum relacionamento acaba da noite para o dia: ele vai morrendo aos poucos diante de cada indiferença, de cada "tanto faz". A rotina vai se tornado pesada, e a pressa de voltar para casa cede lugar à falta de vontade de voltar.

Quando pensei que já tivesse passado por todo tipo de indiferença, constatei uma triste realidade (não que tenha sido uma surpresa): convivi por tantos anos com tantas pessoas, mas nunca fui importante para nenhuma delas. Ninguém se importou comigo. Depois da separação, não recebi nenhum telefonema, nenhuma mensagem, nenhuma demonstração de carinho; pelo contrário, a preocupação parecia girar em torno dos problemas financeiros que eu poderia causar a partir daquela data.

Sempre será mais
fácil procurar
culpados do
que assumir sua
parcela de
responsabilidade.

*Parque Municipal
de Maceió*

Depois do depois

Casei-me por amor, e não por dinheiro. Se isso não ficou claro no início, com certeza ficou no final. Não contratei advogados: um amigo me ajudou. Estava despreocupada, nunca tive medo de trabalhar e sabia que meus filhos estariam amparados. Eu conhecia bem a lei que me favorecia, mas ignorei, não me importei em recomeçar do zero. O que eu queria e não teria mais era a família que eu havia idealizado. O restante, como o nome sugere, era somente resto, e deixei com quem valoriza mais os bens materiais do que a felicidade daqueles a quem deveria amar.

Durante esse período, tive tempo de assimilar, compreender e analisar o momento pelo qual eu estava passando.

Tudo vai acontecendo rapidamente e num piscar de olhos; além de não termos mais um companheiro, também perdemos vários amigos.

Lembro-me da sensação de estar protagonizando um filme que não me pertencia, isolada, esquecida, mas em pé, pois nunca implorei por afeto.

Não consigo entender a pessoa que tenta escravizar o companheiro transformando um pacto de amor em uma prisão perpétua. Quem não assume erros, quem culpa outrem pelos seus fracassos, equivoca-se. Nunca faça isso, pois, por mais que doa, passa. Ninguém merece estar ao lado de alguém que não deseja a sua companhia.

Você não está sozinha. Somos muitas em diversos cantos do mundo, passando pelos mesmos conflitos. Cuide bem de você. Não precisamos de ninguém para nos amar.

Praia Jatiúca

Depois do depois

Chantagens emocionais, às vezes envolvendo até crianças, demonstram tal fraqueza de caráter que por si justificam o fim da união. O casamento não é uma condenação em que o outro é obrigado a permanecer.

Um casal precisa ter uma vibração de amor constante, cumplicidade e projetos de vida.

Ao longo do meu processo de aceitação, conversei com diversas pessoas que estavam em relacionamentos tóxicos e insatisfeitas, mas que continuavam na relação por vários motivos. Ao vê-las, eu pedia a Deus que não permitisse que me estagnasse naquele estágio de conformismo. Eu não suportaria viver sem emoção; sou apaixonada pela vida.

Se partimos do princípio de que a nossa passagem por este planeta não é eterna, nada pode parecer impossível de mudar.

Terapias alternativas me ajudaram muito. Encontrei na meditação e nas aulas online de filosofia grandes aliadas. Os dias foram passando e fui aprendendo a ver-me de maneira mais generosa, sem tantas cobranças. Fui me reencontrando e observando, criteriosamente, tudo ao meu redor. Eu precisava me movimentar de alguma forma; não poderia continuar com a sensação de não mais estar viva. Sempre pensava comigo mesma que seria incoerente sacrificar os anos que me restavam para satisfazer aos outros.

> Não pare para responder a ninguém. Foque nos seus objetivos, seja grande.
> *Farol da Ponta Verde*

Depois do depois

Esse não podia ser o nosso destino. Duvido que Deus desejasse a nossa infelicidade. A maioria das pessoas vê as mulheres separadas como se fossem pagãs.

A sororidade ainda é mínima, quase não existe; a discriminação com mulheres separadas ainda é intensa, e o pior é que a maioria dos comentários e de atitudes ruins parte de outras mulheres, que em lugar de criticar deveriam entender, acalmar e procurar ajudar de alguma forma.

Lembro-me de um dia em que uma amiga me ligou e disse:

—Nossa, estava defendendo você até agora.

Perguntei o motivo. Ela me respondeu que um grupo de mulheres questionava as minhas escolhas. Quando ela quis me contar mais detalhes sobre sua defesa, não a deixei falar.

— Não quero saber. Quem me conhece sabe quem sou e quem não me conhece, e é capaz de passar horas do dia falando de mim, não merece nem um segundo do meu tempo.

A ferida está ali. Tem dia que vai doer, mas você pode controlar a intensidade dessa dor.

Praia Jatiúca

Depois do depois

Nesse momento, lembrei-me do caso de uma senhora que conheci na minha infância. Ela parecia estar na casa dos quarenta anos, era muito bonita, e as mulheres casadas da vizinhança não conversavam com ela, por ser divorciada. Algumas a enxergavam como incapaz, mas a grande maioria a via como uma ameaça, com medo de perder seus maridos. Minha mãe era uma das poucas pessoas que a tratavam com respeito. As demais eram incapazes de calcular o tamanho de sua dor, mas contribuíam, sem o mínimo pudor, para aumentá-la. Ninguém sabia que o marido a maltratava, gritava com ela em público. Sabiam, apenas, que ela não fora capaz de suportar o "ruim com ele, pior sem ele" e, para recomeçar, mudou-se com seu filho adolescente da cidade onde vivia.

O primeiro divórcio próximo a mim foi o de minha tia. Eu tinha dezesseis anos de idade, e ela, o mesmo tempo de casada. Eles eram meus padrinhos. Foi um choque para a família. Relembrando, consigo entender claramente o que ela passou. Se hoje ainda é complicado, ela foi audaciosa para a época.

Depois foi minha irmã Sônia. Casada por doze anos, seu casamento acabou em razão das várias traições do marido. Diga-se de passagem, a primeira foi descoberta por mim; contei para minha mãe, que sem pestanejar contou para minha irmã no minuto seguinte. Esse divórcio eu acompanhei mais de perto, pois todos sofremos.

Permita-se
amar novamente.

*Praia Cruz
das Almas*

Depois do depois

Sempre fui prática. Acreditava que relacionamentos deveriam dar satisfação e prazer e que, a partir do momento em que começasse a desarmonia e se iniciasse uma batalha, precisavam ser revistos e, sem acertos, deveriam acabar.

Na teoria, tudo parece fácil de resolver, mas, quando chega a hora de colocar em prática, pesa, e pesa demais. No primeiro dia em que saí sem aliança, escondi a minha mão, tive vergonha de me mostrar sem ela – acho que eu tinha medo de ser vista como sinônimo de derrota.

Um dia antes do meu casamento civil, tive uma crise de pânico. Perguntei ao meu pai:

—E se não der certo?

—Se não der certo, você volta e recomeça – ele respondeu.

O divórcio me trouxe uma sensação de maturidade que eu nunca tinha experimentado. Um alívio! Foi como sair de uma prisão em que eu tinha de agradar a todos e me desagradar.

Quando se casa, a família passa ser a sua mulher e seus filhos. Cortar o cordão umbilical é essencial.

Parque Municipal de Maceió

Depois do depois

Aprendi que algumas pessoas, por mais que você explique, nunca vão conseguir entender, porque estão presas a explicações convenientes.

E assim, dia após dia, você vai se remendando, colando os cacos, restaurando os bons sentimentos, buscando a porta de saída do caos emocional.

Sempre fui uma pessoa animada, e a sensação de tristeza me desagrada. Eu queria a qualquer custo sair daquela situação indesejada e, um dia depois de assistir a um dos meus filmes favoritos, "Sob o Sol da Toscana", disse a mim mesma:

— Garota, você está chorando por quê? Você está viva, e viver é isso.

Nunca queiram segurar as rédeas da vida, pois, todas as vezes que tentamos, ela nos mostra quem está no comando. A ideia do "nunca mais" assusta, não vou mentir, mas estamos vivos, e só isso já deveria ser uma razão de celebração constante.

Desde muito cedo aprendi que as oportunidades não bateriam à minha porta e que eu deveria criá-las. Para mim era inaceitável ser tratada com desprezo.

O sexo é importante em um relacionamento, mas carinho e atenção caminham lado a lado com ele.

Farol da Ponta Verde

Depois do depois

Sentia-me sozinha nadando em um mar de tubarões.

A solidão a dois desperta os piores sentimentos. Eu queria paz, queria viver, queria respirar sem ter pessoas olhando a marca do meu sapato, da bolsa, das roupas e como estava meu cabelo. Essas coisas são pequenas para mim.

Faça um teste! Comece a valorizar-se; isso muda a maneira como o universo começa a enxergar você e a conspirar a seu favor.

Alguns dias depois do anúncio da separação, recebi a ligação de um amigo. Ele e a esposa haviam sido nossos padrinhos de casamento. Foram as únicas pessoas de um círculo em que convivi por quase vinte anos que se preocuparam comigo. Queriam saber como eu e as crianças estávamos e se colocaram à nossa disposição.

Naquele momento, resgatei um pouco de fé na humanidade. Defino esses dois amigos como um pingo de doçura em um mundo de brutos, em uma sociedade cada vez mais fria, que aponta o dedo. Eles me estenderam a mão.

Orgulho-me da minha coragem – é realmente complicado ficar exposta aos leões. Acredito muito em uma força bem maior que a nossa vontade e que acontecimentos são programados e planejados muito antes de estarmos aqui, e concluo que é mais fácil quando não temos esse conhecimento.

Quando terminam um relacionamento, as pessoas precisam de direção, de alguém que as faça ver um ponto positivo, para apegar-se a ele.

Praia Jatiúca

Depois do depois

Precisamos renascer cada vez que estagnamos. Durante o meu casamento, eu chorava muitas vezes sem saber o motivo. Era como se alguém gritasse para que eu saísse dali. Era como um aviso: se ficar, nada acontecerá na sua vida, você continuará morta, pois era assim que me sentia. Não queria mais estar ali, como se estivesse condenada a permanecer onde sempre fora vista como a bastarda.

Em momento algum me senti inferior, até porque sou desprovida de qualquer preconceito, mas eles conseguiam me fazer sentir mal e, muitas vezes, inconscientemente, eu concordava com eles. A opinião alheia invadiu demais um espaço da minha vida, porque eu permiti, e esse foi o meu maior erro.

Minha preocupação com essa decisão sempre foram meus filhos, como encarariam tudo aquilo, afinal uma separação muda todo o contexto familiar.

Faça uma pequena análise sobre a vida das pessoas que julgam. Tenho certeza de que poderá encontrar tudo, menos amor.

Farol da Ponta Verde

Depois do depois

Jamais suportei filhos querendo decidir o futuro dos pais, tirando-lhes a liberdade; no entanto, os pais muitas vezes se sentem na obrigação de satisfazê-los e acabam cedendo. No meu caso, foi o contrário: sempre procurei mostrar aos meus filhos a importância da felicidade, da sinceridade, e, apesar de pequenos, eles assimilaram muito bem. Minha filha foi a maior incentivadora: queria ver-nos alegres, e as brigas constantes não lhe faziam bem. Nossa união, como família, sempre foi tão forte que eles sabiam que uma separação não quebraria a eternidade de nossos laços. Meu filho, sempre mais espirituoso, sentiu um pouco mais, mas nada que muitos beijos e carinhos não resolvessem. Eles entenderam que, quando o amor é verdadeiro, sobrevive a tudo. Não mais seríamos marido e mulher, mas também não seríamos inimigos – pelo menos eu penso assim.

Ninguém sentiu mais do que eu esse rompimento. Senti no coração, na alma, senti ter de enterrar alguém que por tantos anos foi a pessoa que mais amei. Encerrar esse ciclo seria a melhor solução naquele momento. Eu precisava deixá-lo. E ele precisava ir. Quem era eu para impedir sua felicidade?

Não se pode recomeçar sem antes colocar todas as pedras em seu devido lugar.

Farol da Ponta Verde

Depois do depois

É importante entender que temos responsabilidades gigantes com os nossos filhos, mas isso não lhes dá o direito de intervir nas decisões dos pais. Escuto de muitas pessoas a mesma frase: "Só não me separo por causa de meus filhos", mas eu aprendi que os filhos não querem os pais juntos, querem os pais felizes, seja como casal, seja como amigos. Os filhos que não têm essa visão precisam ser orientados para aceitar o fato, e não manipular uma situação que nada tem a ver com eles. As crianças crescem e ganham o mundo, e você, que cedeu ao apelo, para não usar a expressão chantagem emocional, vai ter perdido um tempo precioso...

**A vida você escreve na hora.
e não tem como voltar e passar a limpo.**

Uma amiga me contou que, quando decidiu se separar, procurou a mãe dela e disse:

—Mãe, decidi terminar meu casamento. Não tem nenhum motivo aparente, mas não estou feliz. Se a senhora disser "Não faça", eu não faço, mas quero que leve em conta estes fatores: nem a senhora nem ninguém é eterno, meus filhos já estão na adolescência, e eu estou com cinquenta anos. Como a senhora deseja me ver daqui a dez anos?

Levante a cabeça agora. Vá viver!

Pontal da barra

Depois do depois

A mãe dela pensou um pouquinho e disse:

— Então, faça isso hoje. Não perca nem mais um minuto.

É claro que qualquer decisão precisa ser planejada. Não costumo misturar questões práticas com sentimentais, mas, dependendo da sua situação financeira, será necessário apoio até recomeçar. Infelizmente, muitas pessoas abdicam da profissão para se dedicar única e exclusivamente à família. Não é errado, é uma escolha, mas é necessário saber que a consequência disso pode ser desastrosa. A realidade é que nem todo mundo vai poder contar com o apoio financeiro do parceiro, e isso, certamente, fará diferença.

O essencial seria sempre manter um equilíbrio entre as duas áreas. Não se isole; conserve os amigos, tire um tempo para você.

Sempre precisamos disso para não nos distanciar da nossa essência. O principal é colocar o seu amor-próprio acima de tudo, porque quem não se ama não é capaz de espalhar amor.

Você não está sozinha. Somos muitas, em diversos cantos do mundo, passando pelos mesmos conflitos. Cuide bem de você. Não precisamos de ninguém para nos amar.

A falta de amor-próprio faz a pessoa se humilhar por afeto.

Mirante do Bairro Santa Amélia

Depois do depois

Vá, siga, encontre o seu propósito, procure deixar uma lembrança boa. No meu caso, estou consciente de que fiz tudo que podia, mas mesmo assim não foi suficiente para nos manter unidos.

Seguimos separados, mas sempre seremos inspiração para jovens que se acham maiores do que tudo que habita ao seu redor e acreditam que o amor vence tudo.

Ouvi tantos absurdos que, se parasse para responder, passaria o restante da vida sem produzir nada.
Farol da Ponta Verde

Depois do depois

Seguir em frente

A recuperação caminha de mãos dadas com a decisão de olhar para a frente. O medo do desconhecido, do dia seguinte me apavorou por um bom tempo.

Um dia senti literalmente na pele: comecei a tremer e não conseguia controlar-me; sentia o meu coração bater fortemente. Fui ao hospital e o médico, ao ver-me naquele estado, extremamente assustada, perguntou o que havia acontecido. Contei-lhe toda a história e ele disse:

— Não vejo em você o estereótipo de quem desiste fácil. Concentre-se e siga.

Palavras certas no momento certo, pensei comigo: se uma pessoa está conseguindo reconhecer em mim uma mulher forte, mesmo em um momento em que me encontro vulnerável, frágil, insegura, deve ser porque não perdi a essência do que meu pai me deixou.

E, assim, fui aos poucos me recuperando, retornando aos palcos, aos trabalhos, fui dando-me a chance de voltar a sorrir, porque tinha certeza de que no meu lugar ele recomeçaria.

Por mais que se recomece, o divórcio é uma dor eterna.

Parque Municipal de Maceió

Depois do depois

"Não vivo sem ele" – esta frase me irrita muito. Claro que vive, todos vivemos, mas, diante do que passei, aconselho: tenha um planejamento, para o caso de o divórcio ser inevitável. Devemos entender que as coisas mudam, tudo muda, a Terra não fica parada, gira diariamente em torno do sol.

Sempre tem alguém que vai falar o famoso "Ah, mas para você é fácil". Não é! Acredite! Não foi e nunca será, nem para mim nem para ninguém!

Temos o hábito de focar nos erros e desvalorizar as qualidades, e, no instante em que um casal resolve se separar, é isso que acontece.

Aí já não há mais tempo.

Considero hoje que o casamento é apenas o início. Tal qual aquela velha história, você ganha uma linda árvore, mas, se você não cuida dela, semeia, poda e rega, ela morre, não sobrevive somente com o vigor com que foi plantada. Isso é comum: nos casamos pelas qualidades, e, no instante em que nos separamos, a pessoa passa a ser, em muitos casos, o único ser humano do mundo sem nenhum valor.

De uma hora para a outra você precisa ressignificar toda uma vida.

Mirante de Ipioca

Depois do depois

Não seria assim se cada um assumisse uma postura consciente dos seus atos. Em 99% dos casos, a pessoa que levou você para o altar não é a mesma diante dos advogados. Orgulho-me de dizer que não mudei a minha personalidade, e atrevo-me a afirmar que dificilmente pessoas próximas sairiam de um divórcio da mesma forma que saí.

Muitos me achavam ingênua, achavam que eu não sabia o que podia fazer juridicamente. Eu sabia, sim! Como sei até hoje; a diferença é que eu não quero, sempre trabalhei e, se precisar trabalhar dia e noite, eu o farei.

Criam-se outras polêmicas: se a mulher vai atrás do que poderia ter lucrado com o divórcio, é interesseira; se volta a trabalhar e a profissão exige muitas viagens, como é meu caso, é acusada de ser uma mãe omissa. Entre uma e outra, mergulhei no trabalho: nada mais satisfatório do que conquistar o que se deseja por meio do seu próprio esforço.

Muitas vezes, eu choro no avião durante horas. Sempre digo para os meus filhos que não posso e não quero parar de trabalhar, e eles entendem muito bem. Procuro ficar poucos dias fora, conversamos, fazemos chamadas de vídeo e nos mantemos conectados no amor e no respeito.

O amor liberta.

Mirante do Bairro
Santa Amélia

Depois do depois

Já cheguei a fazer, por várias vezes, seis aeroportos em sete dias. Desembarquei e fui desidratada para o hospital, subi no palco com sete dias de pós-operatório, tudo isso para realizar os sonhos deles que são preciosos demais para mim.

Por isso, bato muito na tecla de não parar para responder a tudo o que dizem. Você perde um tempo precioso que poderia usar a seu favor. O que também me ajudou foi mergulhar ainda mais em questões sociais. Hoje, no instituto que presido, somos responsáveis por centenas de famílias no Brasil e no exterior. Estou cada vez mais envolvida, e isso me ajuda muito, porque, quando vivenciamos esses tipos de sofrimento, temos a certeza de que os nossos problemas são inexistentes.

Quando terminam um relacionamento, as pessoas precisam de direção, de alguém que as faça ver um ponto positivo, para apegar-se a ele.

A decisão de seguir em frente exige um grande esforço. Não podemos olhar para trás; precisamos ser frios, enterrar o passado e pensar no presente, porque o futuro pode não acontecer. No meu caso, comecei a fazer planos a curto prazo, como pensar o que posso fazer para melhorar a semana, o que posso fazer no prazo de quinze dias, qual o meu propósito para o mês seguinte.

Quando fico sabendo que alguém se separou, a primeira coisa que me vem à cabeça é enviar um bolo, um chá e um bom livro para acalmar a angústia dessa pessoa.

Praia Jatiúca

Depois do depois

Existem muitos fatores que precisamos definir nesse momento. Não podemos ficar sentadas e chorando, precisamos nos levantar e cuidar da nossa vida.

A questão financeira conta muito, mas não pode ser o fator determinante. Nunca me preparei esperando por esse momento. Ouvi falar de pessoas que guardam dinheiro escondido para estarem prevenidas se esse dia chegar, mas nunca pensei nisso e tinha claro que precisaria trabalhar duro. Não me casei por interesse. Se dinheiro serve para trazer felicidade, não foi isso que percebi ao observar algumas pessoas.

As pessoas se agarram a tudo antes de tomar uma decisão, esperando o cenário perfeito, que não existe. Mas, quando seu interior lhes sinaliza que chegou a hora, tudo começa a se transformar e as oportunidades começam a aparecer.

A vaidade é outro obstáculo a ser contornado – neste caso, é aquela voz que fica martelando na sua cabeça todas as coisas sem importância. Considero a vaidade um dos maiores defeitos do ser humano. Pessoas vaidosas são capazes de ignorar o sofrimento alheio, não pensam no mal que podem causar, só querem provar sua soberania e que suas colocações sejam aceitas como corretas. Isso é comum nos relacionamentos: as pessoas passam por cima do que for preciso para defender o seu ego.

> Não seria tão dramático esse momento se tivéssemos a empatia das pessoas.

Mirante de Ipioca

Depois do depois

Sempre quando penso em vaidade, lembro-me da história de Santo Antão, que, por mais de oitenta anos, suportou todas as tentações.

Um dia, o diabo se cansou e disse:

— Desisto, com Antão eu não consigo.

Santo Antão, ouvindo isso, envaideceu-se e falou:

— Eu sou um santo.

Nesse momento, o diabo sorriu e voltou.

Santo Antão venceu todas as tentações, menos a vaidade, e, se ele sucumbiu, imagine nós, simples mortais.

Um dia uma pessoa me falou para que não expusesse a minha vida e tudo pelo que passei. Então eu lhe perguntei: por que não deveria? A resposta foi insignificante e hilária:

— Se você contar o que passou, não vai ajudar as pessoas e ainda ficará no lugar de uma mulher que não soube manter o seu casamento.

Na hora questionei:

— Mas o que eu sou?

Temos, sim, o direito de recomeçar e ninguém pode nos julgar por isso. Ninguém sabe o que você viveu, a solidão que passou, a dor que sentiu.

Parque Municipal de Maceió

Depois do depois

E ela respondeu:

— Você tem uma imagem.

Questionei novamente:

— Responda-me: o que eu sou?

A pessoa, muito sem jeito, respondeu:

— Uma mulher separada.

E em seguida, repliquei:

— Sou também uma mulher separada, mas não sou apenas isso. Sou filha, irmã, mãe, tia, amiga... Meu casamento acabou, mas ainda sobrou muito de mim.

E encerramos o assunto.

Não existe responsável pelo fim do casamento; existem responsáveis, e nem sempre é só o casal...

Mirante do Bairro Santa Amélia

Depois do depois

Não sou melhor do que nenhuma pessoa que tenha passado por uma separação, mas acredito que uma coisa pode me diferenciar: uma imensa vontade de viver, de vencer a minha tristeza a cada vez que ela toma conta de mim. Fiz o máximo que pude, fui fiel, fui leal. E, mesmo com as pessoas dizendo o contrário para amenizar sua parcela de culpa e fingir que dormem tranquilas, eu adormeço com a certeza de ter feito o meu melhor, pois acredito que devemos andar próximos do que pregamos, e assim eu me comporto.

Não é demagogia quando digo que agradeço a todos os que de alguma forma contribuíram para que eu desistisse. Se não fosse por eles, eu não teria me reencontrado. Tudo de bom em mim teria se mantido adormecido, e eu não estaria contando a vocês a minha história.

Não existe um manual de como recuperar-se de uma separação, mas existe algo que vai além: quando sabemos que não somos as únicas pessoas que passam por isso e que a cada um cabe entregar o que tem de melhor. Eu quero entregar apenas coisas boas.

Não existe respon-
sável pelo fim do
casamento; existem
responsáveis, e nem
sempre é só o casal...

**Mirante
Santa Terezinha**

Depois do depois

"Ah, mas você não tem mágoas?" Claro que tenho. Como diria o mestre Paulinho da Viola, "Quando penso no futuro, não esqueço meu passado". Lembrar o que aconteceu e saber quem é quem faz parte do processo. O que não podemos é fazer com que esses detalhes ganhem uma dimensão grande demais em nossa vida. Não cobro de ninguém a perfeição que não sou capaz de oferecer. Quando chegamos ao nível de entender que a vida é uma viagem com destino certo, paramos de nos importar com situações que antes nos incomodavam.

O que falei é verdade. Veja o quanto podemos fazer na vida – o casamento é apenas um capítulo e tem a mesma importância que outras coisas, como carreira, obras sociais, maternidade, entre outras. Sob essa perspectiva, os fatos se tornam pequenos e incapazes de acabar com a sua personalidade.

Sou feliz por não odiar ninguém. Isso me deixa leve, me faz viver.

Nunca me verão desvalorizar o pai dos meus filhos, pois ele é uma boa pessoa, e seremos parceiros a vida toda.

Eu recebi e continuo recebendo muito da vida. Não tenho espaço para rancores, assim como também não darei espaço para mentiras. O que retratei aqui é um pedaço do que passei, do que superei e do que enfrento todos os dias.

Não ignore a indiferença.

Praia da Sereia

Depois do depois

Minha intenção é mostrar que muitas de nós, em algum momento da vida, tivemos de desistir de um sonho.

Há sempre alguém que pode nos ensinar algo. Decidi que não queria somente escrever um livro, mas criar um canal com milhares de pessoas que, assim como eu, tiveram de recomeçar sem perder a dignidade, sem passar por cima de ninguém, sem negar as origens, suportando inverdades e levantando a cabeça, saindo para a luta e trabalhando sem parar.

As pessoas passam muito tempo lamentando-se. Veja o quanto teria sido possível fazer no tempo que se perdeu. Quando alguém falar de você, analise bem – tenho certeza de que no fundo essa pessoa sabe que não é exemplo de nada.

Todos passamos por momentos ruins. A diferença está na forma como os enfrentamos. Lamentar não nos torna pessoas melhores nem resolve nossas questões.

Em vez de fechar-se em uma bolha de angústia, permita-se, pense em uma nova história de amor, mas entenda que cada experiência é única e que nenhum ser humano é igual ao outro. Tudo pode ser diferente.

Quem discrimina pessoas separadas não imagina pelo que passamos. Todos deveriam ter compaixão e sensibilidade, para saber o quão complicada é essa transição. O fim pode ser o começo e pode ser bem melhor.

Praia Jatiúca

Depois do depois

Para recomeçar é preciso antes se curar. Sou contrária à velha máxima "doença de amor só se cura com outro"; isso subestima nossa capacidade de superação. Não somos metades, somos inteiros. Se somos capazes de viver após um luto, sobrevivemos a tudo e conseguimos continuar sem a necessidade de transferir o peso de um relacionamento para o outro.

A vida fica mais fácil quando aprendemos a depositar as expectativas em nós. Nosso bem-estar é muito precioso para confiá-lo a alguém que pode um dia resolver sair da nossa vida... E aí? Você vai deixar de viver por isso?

Não gaste seus dias cultivando amargura. Dê um tempo para sua recuperação, mas cuidado: não ultrapasse a fronteira da tristeza para a depressão. Aos poucos vamos nos acostumando com as mudanças e nos conformando com o fim. Pouco a pouco, você vai perceber que está se desapegando, e tudo, bem de mansinho, voltará a fazer sentido, nada mais será igual, mas o diferente pode surpreender e se tornar ainda melhor.

Quando o carinho dá lugar para a estupidez, acredite, é porque acabou. É só questão de tempo.

Praia da Sereia

Depois do depois

Uma das melhores lições que aprendi não tem ligação com grandes acontecimentos, e sim com voltar a me sentir feliz com pequenas coisas da rotina, como ouvir uma boa música, tomar um banho quente, um chá, uma parada de meia hora no meio da agitação para falar com quem você não conversa há muito tempo.

Reparei que, em meu casamento, nunca tivemos um projeto de vida juntos: eram os meus projetos e os dele, mas nada em comum. Hoje vejo como isso é importante.

Aprendi com os meus erros. Tenho consciência de que me esforcei para dar certo, talvez por um caminho errado, mas a vida não vem com manual de instrução. Analisando bem, eu não mudaria quase nada, só uma coisa: não levaria tanto tempo para comunicar uma decisão.

Quando fico sabendo que alguém se separou, a primeira coisa que me vem à cabeça é enviar um bolo e um bom livro para acalmar a angústia dessa pessoa.

Tudo que vivi me levou de volta para o lugar onde adoro estar. Então não posso dizer que não foi bom. Eu me sinto livre, leve, feliz e decidida a nunca mais passar por cima de mim para satisfazer o outro.

Fiz tudo que pude, pelo tempo que pude. Não foi suficiente, mas carrego um coração leve e uma consciência tranquila.

Parque Municipal de Maceió

Depois do depois

O seu orgulho não vale nada

Com essa frase, extraída de uma música que me causou uma tristeza profunda e me fez repensar meus caminhos, digo para vocês: separação é triste, ruim, difícil – eu poderia usar milhares de adjetivos para resumir esse momento. Divórcio não é para todo mundo, é para pessoas fortes, determinadas e dispostas a encarar o "tsunâmi" que vem pela frente.

Quem discrimina pessoas separadas não imagina pelo que passamos. Todos deveriam ter compaixão e sensibilidade para saber o quão complicada é essa transição. O fim pode ser o começo e pode ser bem melhor, porém você somente descobrirá se tiver coragem de seguir sua vida com base no amor, na emoção, no que é real e importante. Quando nos despimos do medo, ganhamos uma força inacreditável. Esse sentimento nos dá a coragem para cruzar a fronteira rumo ao desconhecido e enfrentar tudo que nos espera, uma nova história de vida...

...depois do depois.

Se não for possível salvar seu casamento,
salve-se!

Sobre a autora

Mariah Morais – jornalista e escritora, tornou-se a primeira mulher a comentar partidas de futebol na televisão brasileira.

Cobriu duas Copas do Mundo e 11 Libertadores da América. Trabalhou com importantes emissoras, no Brasil e no exterior. Seu primeiro livro, *O menino e o anjo*, e o segundo, *A fada Ruth e o castelo de diamantes*, foram sucesso de venda e crítica.

Como presidente do Instituto Brilhante, coordena missões humanitárias em locais onde ocorreram desastres ambientais.

É divorciada, mãe de dois adolescentes e apaixonada pela vida.

Conheça outros títulos de Mariah Morais

O menino e o anjo

A fada Ruth e o castelo de diamantes

Próximos lançamentos

A saga Cafu

Quebra das correntes

Alta maré

Saiba como foi o lançamento oficial em Maceió

Para ver fotos e vídeos desse grande evento que contou não apenas a história da autora, mas também a de diversas outras mulheres alagoanas, em um dia que vai ficar marcado na história, o Grupo CALONE® convida você a ler o QR Code ou acessar o link abaixo:

https://dbilink.pro/lancamento-depois-do-depois/

Para ficar por dentro das novidades e informações, acompanhe-nos nas redes sociais.

Gestão

GRUPO CALONE®

grupocalone   grupocalone

Conteúdos extras

Histórias

Confira as diversas histórias de mulheres fortes que também superaram o divórcio com garra e resiliência.

https://dbilink.pro/depois-do-depois-historias/

Especialistas

Preparamos um material com diversos especialistas falando sobre o divórcio em suas áreas de atuação, como psicólogos, advogados e muitos outros que podem nos ajudar em momentos como esse.

https://dbilink.pro/depois-do-depois-especialistas/

Acompanhe a autora

Fique por dentro de todas as novidades da autora Mariah Morais acessando o **QR Code** ou o link abaixo!

www.dbilink.pro/mariah

Depois do depois

Acompanhe a gestão da autora
Mariah Morais

Gostaria de conhecer mais sobre o Grupo CALONE®?

www.dbilink.pro/gc

Conecte-se com comunidades.

www.dbilink.pro/comu

Neste link você se conecta com comunidades de mulheres que passaram ou estão passando pelo mesmo que você. Compartilhe, doe experiência e receba empatia.

Diretor
Marcelo Calone

Diretora de Arte
Ellen Calone

Gerente Editorial
Marcelo Calone

Assistente Editorial
Brandon Fogolin

Controle de Prod. e Impressão
The Calone Company

Diagramação
Bruno Garavelo
Leonardo Oliveira

Revisão
Mariah Morais
Maria Antonieta Eckersdorff
Maria Zulema Cebrian

Correção final
Emerson Salino

Capa
Bruno Garavelo
Leonardo Oliveira

Comunicação
Grupo CALONE®

Produção
Kenbilly Fogolin, Matheus Garavelo

Fotos
Itawi Albuquerque

Foto Capa
Taina Bastos

Digitação
Emily Cruvinel

Cabelo e Make
Nildys Souza

Dress
Adriana Gomes
@adrianagomesarts
Meu encanto artesanato
@meu.encantoartesanato
Agradecimento especial
Santa Fe arte popular
@santafeartepopular

Edição
Ciranda Cultural

Preparação e revisão
Fernanda R. Braga Simon

Copyright 2023, by Mariah Morais

Todos os direitos desta edição são reservados à The Calone Company.

Av. Presidente Juscelino Kubistchek, 2041 - Torre B - Vila Olímpia, São Paulo, SP - CEP 04543-011
Telefone: (11) 2844-8404
Site: www.grupocalone.com
E-mail: contato@grupocalone.com

CAST

Dir. Autor/Roteiro: Mariah Morais/Marcelo Calone • Ass. Dir.: Brandon Fogolin • Gestor: Grupo CALONE • Dir. Fot.: Bruno Garavelo • Dir.(a) Arte: Ellen Calone • Dir.(a) Prod.: Kenbilly Fogolin • Prod.: Douglas Viana • Prod. Ex.: Matheus Garavelo • Dir.(a) Musical: Julie Emy e Tom Rebelo • Merchandiser's: Dani Caloni • Dir. Eventos: Danilo Alves • Mont. Ed.: Samuel Cruz • Dir. Co-Criação: Alexandro Calone • Co-Criadores: Leonardo O. • Dir. Making Of: Rafael Kibaiasse • Coord.(a): Edimari Calone • Ass. Jurídico: Jorge Abrão • Tecnologia: Brandon Fogolin • Dir.(a) de Stakeholders e Shareholders: Marli Luz • Animação: Lucas Souza • Relações Institucionais: Elder Pereira

Estúdio: WICCOM e-business studios

DIRECTORS (journalists): Marcelo C. • Ellen C. • Bruno G. • Kenbilly F. • Samuel C. • Brandon F. • Matheus G.

REALIZATION: Grupo CALONE®: The CALONE Company, CALONE® e Instituto MARCELO CALONE®.

PRODUCTION: MAAW by Bruno G. • CROYAL by Matheus G. • MABACA - DBIPro by Samuel C. • UNICORPS by Brandon F. • COOCLE by Marli Luz • BRAZIL Project by Lucas Souza • KENN by Kenbilly F. • WICCOM by Ellen C. • CALONE, COSTA & CIA by Alexandro C..

OFFERING: CALONE® – Portal:www.calone.com.br

Grupo CALONE® Todos os direitos reservados. DBIPro© Copyright 2023.

Agradecimentos especiais:

Agradeço a prefeitura de Maceió, por ter tornado esse sonho realidade. Ao nosso motorista e amigo Ricardo, ao Itawi, fotógrafo que soube captar as imagens com muita sensibilidade. Ao Grupo CALONE®, que trabalha muito, para que meus trabalhos sejam realizados com qualidade. Enfim, obrigada ao meu amor, Marcos Evangelista de Morais, por sempre estar ao meu lado...
Recebam a minha gratidão.